27

Ln 16290.

NOTICE BIOGRAPHIQUE

SUR

PHILIPPE-DENIS PIERRES,

Ancien premier Imprimeur ordinaire du Roi ;

PAR M. P. X. LESCHEVIN.

M. *Philippe-Denis* PIERRES, ancien premier imprimeur ordinaire du Roi, membre des Académies de Dijon, Lyon, Rouen et Orléans, est mort le 28 février, dans la soixante et huitième année de son âge, à Dijon où il occupoit un petit emploi.

Issu d'une famille qui compte parmi ses membres, depuis plus de deux cents ans, des libraires, et des imprimeurs justement estimés (1), M. Pierres s'étoit concilié par la manière distinguée dont il exerçoit son état, par ses talens dans plus d'un genre, et par ses excellentes qualités, une considération dont il a recueilli d'honorables témoignages dans plusieurs circonstances importantes. On lui doit beaucoup de bonnes éditions dont la correction fait le principal mérite, mais jamais il ne voulut entreprendre celles qu'on appelle *édition de luxe*, persuadé que l'art de l'imprimerie n'atteint véritablement son

____

(1) Les Lottin, les Le Mercier, etc.

but d'utilité que lorsqu'il sert à multiplier les bons ouvrages, et à les mettre, par leur prix, à la portée du plus grand nombre. On peut cependant citer, comme réunissant le mérite d'une exécution fort élégante, à celui de la correction, une foule de livres qui sont sortis de ses presses, et parmi lesquels je me bornerai à indiquer ici les suivans, quoiqu'il me soit facile d'en étendre considérablement la liste.

Constitutions des treize Etats-Unis de l'Amérique. Philadelphie et Paris, Ph. D. Pierres, 1783 et 1785, in-4.º et in-8.º. C'est à M. le duc de la Rochefoucault qu'on est redevable de cette traduction.

Les Héroïdes d'Ovide, traduites en vers français. Philadelphie, 1784 et 1786, in-8.º. De ces deux éditions, tirées toutes deux à un très-petit nombre d'exemplaires, l'une contient le texte. Cette traduction est de M. de Boisgelin, archevêque d'Aix.

Elégies de Tibulle. Paris, Pierres, 1784, in-8.º. M. de Pastoret est auteur de cette traduction.

Mémoires historiques sur Raoul de Coucy. Paris, Pierres, 1781, 2 vol. in-18. A la suite de ces mémoires dont M. de la Borde est l'auteur, se trouve le recueil des chansons de Raoul.

Les Jardins, poème, par M. l'abbé Delille. Paris, Ph. D. Pierres, 1782, in-18.

Epicteti Enchiridion, etc. Curante J. R. Lefebvre de Villebrune. Parisiis, Ph. D. Pierres, 1782. in-18.

Manuel d'Epictète en grec, avec une traduction française; par J. R. Lefebvre de Villebrune, Paris, Pierres, 1783, in-18.

Minéralogie homérique, ou Essai sur les minéraux dont il est fait mention dans les poèmes d'Homère; par A. L. Millin. Paris, Pierres, 1790, in-8.°.

L'édition du *Lexicon* de SCHREVELIUS, donnée en 1752, par le savant abbé Vauvilliers, professeur de grec, au Collége Royal, étant épuisée depuis longtemps, M. Pierres entreprit, en 1766, d'en donner une nouvelle, et d'y faire des augmentations puisées dans les éditions le plus récemment publiées en Hollande, en Angleterre et en Allémagne. Il s'acquitta seul de ce travail pénible, et fit paroître, en 1767, son édition qu'il divisa en deux volumes, pour la rendre d'un usage plus commode. Les journaux du temps lui ont rendu la justice de déclarer qu'elle a, sur toutes celles qui l'ont précédée, l'avantage d'être plus complète, beaucoup mieux exécutée et bien plus correcte. L'avertissement, écrit en latin, est d'un style élégant et pur; mais M. Pierres n'ayant pas pris la qualité d'éditeur sur le titre de l'ouvrage, le public n'a été informé de la part qu'il y avoit, qu'en 1778, et par le premier supplément de la *France littéraire*. L'exemplaire qu'il s'en étoit réservé, porte ces mots écrits de sa main : *Edente Philippo Dyonisio Pierres.*

Il possédoit, sur l'histoire et les procédés de son art, dont il avoit étudié avec soin toutes les parties, un riche fonds de connoissances, et avoit rassemblé un très-grand nombre d'ouvrages rares et précieux et de mémoires sur la typographie. En 1774, sur l'invitation de l'Académie des sciences, provoquée par plusieurs membres de cette compagnie, avec lesquels il étoit lié d'amitié, il entreprit, pour la grande collection des arts et métiers, l'*Art de l'Imprimerie*. Ce travail, auquel il avoit consacré le reste de sa vie, eût formé trois volumes in-folio de texte, accompagnés d'un grand nombre de planches. La confiance et l'amitié dont l'auteur m'honoroit me mettent à portée de donner quelques détails sur le plan de son ouvrage.

Il est partagé en trois grandes sections divisées elles-mêmes en plusieurs parties. La première section comprend les pièces préliminaires dans lesquelles on trouve l'histoire de l'imprimerie et de la gravure; celle des différentes méthodes ou systèmes, et des applications à l'impression des toiles et des papiers peints ; les fonctions, les droits de l'imprimeur ; la législation relative à l'art ; la désignation des employés et ouvriers. Des trois parties dont cette section est composée, la première traite des caractères et de tous les matériaux en bois, cuivre ou fonte, qui sont nécessaires à la composition ; la seconde, des casses, casseaux et galées, tant en France que chez les autres nations ; et la troisième, de la composition.

La seconde section, divisée en quatre parties, porte sur les diverses sortes d'impositions, la correction et la distribution.

Enfin les deux parties de la troisième section, sont consacrées aux instrumens et matériaux nécessaires pour l'impression, aux travaux préliminaires, aux procédés d'impression en or et en couleur, à l'indication des beaux ouvrages exécutés par les imprimeurs nationaux et étrangers, depuis l'origine de l'imprimerie.

L'ouvrage est terminé par un Dictionnaire typographique.

L'auteur eût consigné, dans cet ouvrage, les diverses améliorations qu'il avoit introduites dans les procédés de son art, et qui étoient en pratique dans ses ateliers. Il y eût fait aussi l'histoire de ses travaux sur la stéréotypie, l'impression en feuilles d'or, etc.; enfin, si le temps ne lui eût manqué, de tous les arts qui composent la collection, l'art typographique eût été sans doute le mieux et le plus complètement décrit.

Pendant toute sa vie, M. Pierres a fait, du perfectionnement de l'art typographique, l'objet de ses études et de ses travaux les plus chers. Très-habile mécanicien, il avoit en outre le talent d'exécuter en petit le modèle de ses inventions, et entretenoit chez lui, pendant toute l'année, un serrurier et un menuisier-charpentier. A portée de juger journellement de la fatigue excessive des ouvriers employés à la presse, il conçut le projet de diminuer de beaucoup cette fatigue en faisant des changemens à la machine. Il sentit bien qu'il n'y parviendroit qu'en substituant au mouvement de pression en usage, un autre agent d'après lequel les frottemens seraient considérablement atténués. Il atteignit le but, après avoir employé plusieurs années en tentatives multipliées et coûteuses, et soumit, en 1786, au jugement de l'Académie des sciences, sa nouvelle presse, qui, après avoir été examinée par des commissaires, fut jugée digne de l'approbation de l'Académie. M. Pierres fit imprimer, sous le

privilége de cette compagnie, la description
de sa presse (2), et fut admis à en présenter
un exemplaire au Roi, qui se fit expliquer la
machine par son inventeur lui-même, et voulut
en avoir un modèle. Cet exemplaire n'étoit
couvert qu'en papier; et il fut dérogé, à
cette occasion, à l'usage en vertu duquel
les livres présentés à sa Majesté, devoient
être magnifiquement reliés. On fit remarquer
au Roi que l'ouvrage portoit sur la couver-
ture, son chiffre et des ornemens, imprimés
en feuilles d'or et à la presse, par des procédés nouvellement découverts par M. Pierres.
Les détails de cette présentation sont consignés
dans la *Description*, et se font lire avec
beaucoup d'intérêt.

Cet heureux résultat n'empêcha cependant
pas M. Pierres de continuer ses essais sur les
moyens d'amener la presse au dernier point
de simplicité; le succès le plus complet a
couronné ses efforts et sa persévérance. Je
n'hésite pas à mettre celle qu'il a imaginée
en dernier lieu et dont il a exécuté lui-
même le modèle, au rang des plus belles
inventions. Ses avantages sont d'être beaucoup plus simple que l'ancienne, d'une cons-
truction moins coûteuse; d'exiger un espace

(2) Description d'une nouvelle Presse d'imprimerie, etc. Paris, imprimé chez l'auteur, *par sa nouvelle
Presse*, 1786, in-4°; fig.

moins considérable, et d'économiser prodigieusement le temps et les forces des ouvriers. Elle n'a ni jumelles; ni train, ni étançons, et opère la pression par un mécanisme nouveau; enfin elle peut être de la plus utile application à l'impression des toiles et papiers peints et peut-être à d'autres arts. Je ne dois pas m'expliquer davantage sur cette découverte, qui étoit le secret de son auteur. Dans les diverses conférences que j'ai eues avec lui sur cette heureuse invention, il m'a toujours assuré n'avoir jamais donné les mêmes détails qu'à feu M. Camus, qui avoit pour M. Pierres, beaucoup de bienveillance, et qui l'a mentionné fort honorablement dans l'ouvrage dont je parlerai plus bas.

Pendant son voyage en France, M. Franklin qui s'intéressoit vivement aux progrès d'un art qu'il avoit exercé lui-même, ne tarda pas à distinguer M. Pierres. Il se lia très-particulièrement avec lui, et obtint de son amitié qu'il se chargeroit de montrer à son petit-fils Benjamin Bitche, les principes de la typographie. Franklin avoit fait en Amérique, un grand nombre d'essais pour multiplier très-promptement les copies, et vit avec plaisir ceux auxquels M. Pierres s'étoit livré depuis 1773, sur le polytypage. Il l'engagea fortement à les continuer, et lui fit part de ses idées. On peut voir quels ont été les résultats de cette suite de recherches, dans le *Journal de Paris*, avril et mai 1786, et dans l'ouvrage intitulé: *Histoire et Procédés du Polytypage et du Stéréotypage*, par A. G. CAMUS (3), pages 52 et 53.

Je ne puis m'empêcher de relever ici une assertion avancée dans un ouvrage publié récemment, et que M. Pierres m'a assuré plusieurs fois n'avoir pas le moindre fonde- ment. On lit, page XXVI, du *Répertoire de la Librairie* (4) : « En 1778, Pierres, célèbre « imprimeur de Paris, et l'un de ceux qui « sans contredit, connoissoit le mieux son « art, et consacroit son zèle et ses talens à « le perfectionner, fit divers essais de stéréo- « typage, qui furent tous infructueux et « contribuèrent à sa ruine. » Jamais les es- sais multipliés que M. Pierres a faits sur les diverses parties de son art, n'ont en rien altéré sa fortune. Lorsqu'il les entreprit et

(3) Paris, Renouard; an X, 1802, in-8.°. Après la publication de cet ouvrage, M. Pierres écrivit à l'auteur plusieurs lettres qui contenoient des obser- vations critiques et de nouveaux renseignemens. M. Ca- mus, qui en projetoit une nouvelle édition, avoit inséré ces lettres dans l'exemplaire qu'il s'étoit ré- servé et qui fut adjugé, à sa vente, à un prix fort élevé.

(4) Par M. Ravier, libraire. Paris, Crapart, Caille et Ravier, 1807, in-8.°.

les exécuta avec persévérance et désintéresse-
ment, il avoit des moyens plus que suffisans
pour subvenir aux dépenses qu'ils lui oc-
casionnèrent. Malgré cette erreur de l'auteur,
il étoit reconnoissant du témoignage honorable que ce confrère a rendu de son zèle et
de ses talens.

Les dernières recherches auxquelles il se
soit livré dans le même genre, eurent pour
objet le perfectionnement des procédés du
polytypage, appliqué à la multiplication des
dessins, de l'écriture, de la musique, des
cartes géographiques, etc. Il avoit entrepris
ces essais, sur l'invitation de Franklin; et,
ayant eu soin de retenir plusieurs épreuves
de toutes les tentatives qu'il a faites, il en
est résulté une collection fort curieuse de
dessins-gravures, peu corrects d'abord, puis
nets et élégans, dans laquelle on suit la série
graduelle des progrès de l'amélioration de ses
procédés. Il fondoit de grandes espérances
sur ce nouvel art qu'il ne doutoit pas d'a-
mener à sa perfection. Les moyens qu'il
employoit, sont d'une grande simplicité; il
m'ont été confiés sous le sceau du secret,
mais ils sont aussi la propriété d'une per-
sonne que M. Pierres s'étoit associée pour
ses essais, et qui a fait une grande partie des
dessins qu'il a polytypés.

L'estime et la considération ont été le

prix d'un zèle aussi pur, et de ses immenses travaux suivis avec autant de persévérance que de talent. Il reçut un témoignage bien flatteur de la satisfaction du gouvernement dans les *Lettres patentes* du 9 juillet 1785, qui convertissent la charge d'imprimeur ordinaire du Roi, dont il jouissoit depuis 1779, en celle de *premier imprimeur ordinaire*, et qui portent expressément que Sa Majesté, en lui accordant cette faveur, *vouloit lui donner une nouvelle marque de sa bienveillance, et faire connoître la satisfaction qu'elle ressentoit de son zèle et du succès de ses travaux, pour la perfection de l'art de l'imprimerie.* Plusieurs ministres (5) vinrent visiter ses ateliers; un grand nombre d'hommes recommandables, dont quelques-uns tels que MM. de la Rochefoucault, le président de Saron, Bailly, l'abbé Bossut, appartenôient à l'Académie des sciences, l'encourageoient, lui communiquoient leurs propres idées, et venoient journellement s'assurer par eux-mêmes du progrès de ses tentatives. Trois Académies lui ouvrirent leurs portes. Le pape Clément XIV ordonna, sur la demande de l'ambassadeur de France, qu'il lui fût envoyé, pour servir à son grand ouvrage,

(5) MM. le baron de Breteuil, Le Noir et de Calonne.

une épreuve de toutes les espèces de caractères de l'imprimerie du Vatican. En 1782,
le roi de Pologne, Poniatowsky, dans l'in-
tention d'instituer à Varsovie, une bibliothéque
publique, s'adressa à lui, et le chargea de rédi-
ger le plan de cet établissement et d'indiquer
les livres les plus utiles et les plus estimés dans
tous les genres et sur toutes les matières. Ce
travail fort considérable occupa son auteur
pendant près d'une année, et le roi de Pologne lui témoigna sa satisfaction en lui en-
voyant une fort belle médaille en or, por-
tant d'un côté, le portrait de Sa Majesté, et
au revers trois couronnes, de laurier, chêne
et olivier, avec la légende : *Merentibus*.

Le Collége Royal auquel M. Pierres avoit
été puissamment recommandé par son res-
pectable doyen, le savant Capperonnier, le
nomma son imprimeur en 1777, et attacha
à cette nomination, plusieurs prérogatives,
dont il n'y avoit pas encore d'exemples dans
ce collége, telles que le droit d'assister aux
séances du comité, au rang des professeurs,
de participer à la distribution des jetons,
même absent, et de se servir du sceau. Le
diplôme qui lui fut délivré à cette occasion est conçu dans les termes les plus flat-
teurs. Le Collége Royal y rappela, comme
une circonstance honorable, qu'en adoptant
M. Pierres, il avoit eu égard à la recomman-

dation de feu M. Capperonnier, auquel M. Vauvilliers avoit succédé, en qualité de professeur de langue grecque. A l'exemple de ce corps, la Société royale de médecine accorda à M. Pierres les mêmes prérogatives, en le nommant son imprimeur. Il étoit en outre, celui du grand conseil, de la congrégation de Saint-Maur, de celle de France, etc.

Après la mort de M. Dubois - Laverne (6), directeur de l'imprimerie de la République, lorsqu'il fut question de nommer à cette place importante, M. Pierres, auquel la révolution avoit enlevé son état et toute sa fortune, trouva dans les services qu'il avoit rendus à son art, des motifs suffisans pour se mettre sur les rangs. Dès l'instant qu'il se présenta, presque tous les concurrens se retirèrent. Il ne se rappeloit jamais qu'avec une vive sensibilité, la démarche franche et désintéressée que fit à cette époque, un de ses confrères, M. Rondonneau, qui postuloit la même place, et qui, en se désistant de ses prétentions, se rendit auprès de S. E. le Grand-Juge, l'organe des sentimens de tous les concurrens qui pouvoient avoir quelque espérance, et des siens propres, envers M. Pierres. Je regrette de ne pouvoir donner textuellement la lettre de M. Rondonneau ; je me bornerai à

(6) Voyez la notice publiée par M. Silvestre de Sacy, sur ce célèbre imprimeur. Mag. Encycl. ann. 1803, t. 4, p. 183.

dire qu'elle contient l'expression de l'estime la plus sentie, et que sa démarche me paroît également honorable pour lui et pour celui qui en étoit l'objet. M. Pierres reçut encore, dans cette occasion, une autre marque de bienveillance et d'estime à laquelle il fut infiniment sensible. Sur la proposition de M. de Fleurieu, membre de l'Institut et du Bureau des longitudes, ce bureau nomma des commissaires à l'effet de se transporter auprès de son Excellence le Grand-Juge, et de lui exprimer son vœu de voir M. Pierres chargé de la direction de l'imprimerie de la République.

Il me reste à parler de ses qualités personnelles. Une extrême sensibilité, la franchise et la bonté, formoient l'essence de son caractère, et lui avoient fait de sincères amis, parmi lesquels il citoit avec complaisance MM. Franklin, Daubenton, de Lacépède, Vauvilliers, et d'autres noms célèbres dans les sciences et les arts. Ayant perdu, par une suite d'événemens malheureux, une fortune assez considérable, fruit de ses longs travaux, il fut contraint, en 1807, d'accepter au bureau des postes de Dijon, une petite place, à laquelle venoit de le faire nommer, pour assurer son sort et parvenir à l'améliorer, un de ses anciens camarades de collége (7), qui plusieurs

(7) M. Anson, administrateur des postes.

fois lui avoit donné des preuves de son attache-
ment. A peine arrivé dans cette ville, il se
concilia l'affection de toutes-les personnes avec
lesquelles il fut en relation. On ne pouvoit se
lasser d'admirer avec quelle fermeté, cet in-
téressant vieillard supportoit la rigueur de
sa destinée. L'Académie se l'associa et il ac-
quit bientôt de vrais amis, qui cherchèrent
à le consoler de ses infortunes. Rien de ce
qu'on avoit fait pour lui n'étoit perdu. Il
portoit ses nouveaux amis dans son cœur
comme ses anciens, et ne laissoit jamais
échapper l'occasion d'exprimer jusqu'à quel
point un accueil aussi favorable, diminuoit
le sentiment de ses chagrins. Sa santé n'étoit
point altérée. Il n'avoit rien perdu de son
enjouement et de son amabilité franche et na-
turelle, et tout annonçoit qu'il avoit encore à
se promettre de longs jours, quand une at-
taque d'apoplexie est venue l'enlever à sa
famille et à ses amis. Sa mort a excité un
chagrin véritable chez tous ceux qui l'ont
connu à Dijon, et ils se sont imposé le dou-
loureux devoir d'assister à ses obsèques, que
l'Académie en corps a honoré de sa pré-
sence.

Qu'il me soit permis de consigner ici l'expression de mes propres regrets. Un oncle,
dont je révère la mémoire, avoit été son ami,
et une très-grande disproportion d'âge, ne

l'avoit pas empêché de m'accorder, sans
réserve, sa confiance et son affection. Je
ressens vivement sa perte, et je satisfais
autant au besoin de mon cœur, qu'aux de-
voirs de l'amitié, en cherchant à établir ses
titres à la reconnoissance publique, et en
répandant quelques fleurs sur sa tombe.